Gröls Verlage

„Bücher sind wie Fallschirme. Sie nützen uns nichts, wenn wir sie nicht öffnen."

Gröls Verlag

Redaktionelle Hinweise und Impressum

Das vorliegende Werk wurde zugunsten der Authentizität sehr zurückhaltend bearbeitet. So wurden etwa ursprüngliche Rechtschreibfehler *nicht* systematisch behoben, denn kleine Unvollkommenheiten machen das Buch – wie im Übrigen den Menschen – erst authentisch. Mitunter wurden jedoch zum Beispiel Absätze behutsam neu getrennt, um den Lesefluss zu erleichtern.

Um die Texte zu rekonstruieren, werden antiquarische Bücher von Lesegeräten gescannt und dann durch eine Software lesbar gemacht. Der so entstandene Text wird von Menschen gegengelesen und korrigiert – hierbei treten auch Fehler auf. Wenn Sie ebenfalls antiquarische Texte einreichen möchten, finden Sie weitere Informationen auf www.groels.de

Viel Freude bei der Lektüre wünscht Ihnen das Team des Gröls-Verlags.

Adressen

Verleger: Sophia Gröls, Im Borngrund 26, 61440 Oberursel

Externer Dienstleister für Distribution & Herstellung: BoD, In de Tarpen 42, 22848 Norderstedt

Unsere „Edition | Werke der Weltliteratur“ hat den Anspruch, eine der größten und vollständigsten Sammlungen klassischer Literatur in deutscher Sprache zu sein. Nach und nach versammeln wir hier nicht nur die „üblichen Verdächtigen“ von Goethe bis Schiller, sondern auch Kleinode der vergangenen Jahrhunderte, die – zu Unrecht – drohen, in Vergessenheit zu geraten. Wir kultivieren und kuratieren damit einen der wertvollsten Bereiche der abendländischen Kultur. Kleine Auswahl:

Francis Bacon • Neues Organon • **Balzac** • Glanz und Elend der Kurtisanen • **Joachim H. Campe** • Robinson der Jüngere • **Dante Alighieri** • Die Göttliche Komödie • **Daniel Defoe** • Robinson Crusoe • **Charles Dickens** • Oliver Twist • **Denis Diderot** • Jacques der Fatalist • **Fjodor Dostojewski** • Schuld und Sühne • **Arthur Conan Doyle** • Der Hund von Baskerville • **Marie von Ebner-Eschenbach** • Das Gemeindekind • **Elisabeth von Österreich** • Das Poetische Tagebuch • **Friedrich Engels** • Die Lage der arbeitenden Klasse • **Ludwig Feuerbach** • Das Wesen des Christentums • **Johann G. Fichte** • Reden an die deutsche Nation • **Fitzgerald** • Zärtlich ist die Nacht • **Flaubert** • Madame Bovary • **Gorch Fock** • Seefahrt ist not! • **Theodor Fontane** • Effi Briest • **Robert Musil** • Über die Dummheit • **Edgar Wallace** • Der Frosch mit der Maske • **Jakob Wassermann** • Der Fall Maurizius • **Oscar Wilde** • Das Bildnis des Dorian Grey • **Émile Zola** • Germinal • **Stefan Zweig** • Schachnovelle • **Hugo von Hofmannsthal** • Der Tor und der Tod • **Anton Tschechow** • Ein Heiratsantrag • **Arthur Schnitzler** • Reigen • **Friedrich Schiller** • Kabale und Liebe • **Nicolo Machiavelli** • Der Fürst • **Gotthold E. Lessing** • Nathan der Weise • **Augustinus** • Die Bekenntnisse des heiligen Augustinus • **Marcus Aurelius** • Selbstbetrachtungen • **Charles Baudelaire** • Die Blumen des Bösen • **Harriett Stowe** • Onkel Toms Hütte • **Walter Benjamin** • Deutsche Menschen • **Hugo Bettauer** • Die Stadt ohne Juden • **Lewis Caroll** • *und viele mehr….*

Ödön von Horváth

Kasimir und Karoline

Volksstück

Personen:

Kasimir

Karoline

Rauch

Speer

Der Ausrufer

Der Liliputaner

Schürzinger

Der Merkl Franz

Dem Merkl Franz seine Erna

Elli

Maria

Der Mann mit dem Bulldoggkopf

Juanita

Die dicke Dame

Die Kellnerin

Der Sanitäter

Der Arzt

Abnormitäten und Oktoberfestleute

Dieses Volksstück spielt auf dem Münchener Oktoberfest, und zwar in unserer Zeit.

1. Szene

Es wird dunkel im Zuschauerraum und das Orchester spielt die münchener Hymne »Solang der alte Peter«. Hierauf hebt sich der Vorhang.

2. Szene

Schauplatz: Gleich hinter dem Dorf der Lippennegerinnen. Links ein Eismann mit türkischem Honig und Luftballons. Rechts ein Haut-den-Lukas – (das ist so ein althergebrachter Kraftmesser, wo du unten mit einem Holzbeil auf einen Bolzen draufhaust, und dann saust ein anderer Bolzen an einer Stange in die Höhe, und wenn dann dieser andere Bolzen die Spitze der Stange erreicht, dann knallt es, und dann wirst du dekoriert, und zwar für jeden Knall mit einem Orden). Es ist bereits spät am Nachmittag und jetzt fliegt gerade der Zeppelin in einer ganz geringen Höhe über die Oktoberfestwiese – in der Ferne Geheul mit allgemeinem Musiktusch und Trommelwirbel.

3. Szene

Rauch Bravo Zeppelin! Bravo Eckener! Bravo!

ein Ausrufer Heil!

Speer Majestätisch. Hipp hipp hurrah!

Pause.

ein Liliputaner Wenn man bedenkt, wie weit es wir Menschen schon gebracht haben – *Er winkt mit seinem Taschentuch. Pause.*

Karoline Jetzt ist er gleich verschwunden, der Zeppelin –

der Liliputaner Am Horizont.

Karoline Ich kann ihn kaum mehr sehen –

der Liliputaner Ich seh ihn noch ganz scharf.

Karoline Jetzt seh ich nichts mehr. *Sie erblickt Kasimir; lächelt.* Du, Kasimir. Jetzt werden wir bald alle fliegen.

Kasimir Geh so lasse mich doch aus. *Er wendet sich dem Lukas zu und haut ihn vor einem stumm interessierten Publikum – aber erst beim drittenmal knallt es, und dann zahlt der Kasimir und wird mit einem Orden dekoriert.*

Karoline Ich gratuliere.

Kasimir Zu was denn?

Karoline Zu deiner Auszeichnung da.

Kasimir Danke. *Stille.*

Karoline Der Zeppelin, der fliegt jetzt nach Oberammergau, aber dann kommt er wieder zurück und wird einige Schleifen über uns beschreiben.

Kasimir Das ist mir wurscht! Da fliegen droben zwanzig Wirtschaftskapitäne und herunten verhungern derweil einige Millionen! Ich scheiß dir was auf den Zeppelin, ich kenne diesen Schwindel und hab mich damit auseinandergesetzt – Der Zeppelin, verstehst du mich, das ist ein Luftschiff und wenn einer von uns dieses Luftschiff sieht, dann hat er so ein Gefühl, als tät er auch mitfliegen – derweil haben wir bloß die schiefen Absätz und das Maul können wir uns an das Tischeck hinhaun!

Karoline Wenn du so traurig bist, dann werd ich auch traurig.

Kasimir Ich bin kein trauriger Mensch.

Karoline Doch. Du bist ein Pessimist.

Kasimir Das schon. Ein jeder intelligente Mensch ist ein Pessimist. *Er läßt sie wieder stehen und haut abermals den Lukas; jetzt knallt es dreimal, er zahlt und bekommt drei Orden; dann nähert er sich wieder Karoline.* Du kannst natürlich leicht lachen. Ich habe es dir doch gleich gesagt, daß ich heut unter gar keinen Umständen auf dein Oktoberfest geh. Gestern abgebaut und morgen stempeln, aber heut sich amüsieren, vielleicht sogar noch mit lachendem Gesicht!

Karoline Ich habe ja garnicht gelacht.

Kasimir Natürlich hast du gelacht. Und das darfst du ja auch – du verdienst ja noch was und lebst bei deinen Eltern, die wo pensionsberechtigt sind. Aber ich habe keine Eltern mehr und steh allein in der Welt, ganz und gar allein.

Stille.

Karoline Vielleicht sind wir zu schwer füreinander –

Kasimir Wie meinst du das jetzt?

Karoline Weil du halt ein Pessimist bist und ich neige auch zur Melancholie – Schau, zum Beispiel zuvor – beim Zeppelin–

Kasimir Geh halt doch dein Maul mit dem Zeppelin!

Karoline Du sollst mich nicht immer so anschreien, das hab ich mir nicht verdient um dich!

Kasimir Habe mich gerne! *Ab.*

4. Szene

Karoline sieht ihm nach; wendet sich dann langsam dem Eismann zu, kauft sich eine Portion und schleckt daran gedankenvoll. Schürzinger schleckt bereits die zweite Portion.

Karoline Was schauns mich denn so blöd an?

Schürzinger Pardon! Ich habe an etwas ganz anderes gedacht.

Karoline Drum. *Stille.*

Schürzinger Ich habe gerade an den Zeppelin gedacht.

Stille.

Karoline Der Zeppelin, der fliegt jetzt nach Oberammergau.

Schürzinger Waren das Fräulein schon einmal in Oberammergau?

Karoline Schon dreimal.

Schürzinger Respekt!

Stille.

Karoline Aber die Oberammergauer sind auch keine Heiligen. Die Menschen sind halt überall schlechte Menschen.

Schürzinger Das darf man nicht sagen, Fräulein! Die Menschen sind weder gut noch böse. Allerdings werden sie durch unser heutiges wirtschaftliches System gezwungen, egoistischer zu sein, als sie es eigentlich wären, da sie doch schließlich vegetieren müssen. Verstehens mich?

Karoline Nein.

Schürzinger Sie werden mich schon gleich verstehen. Nehmen wir an, Sie lieben einen Mann. Und nehmen wir weiter an, dieser Mann wird nun arbeitslos. Dann läßt die Liebe nach, und zwar automatisch.

Karoline Also das glaub ich nicht!

Schürzinger Bestimmt!

Karoline Oh nein! Wenn es dem Manne schlecht geht, dann hängt das wertvolle Weib nur noch intensiver an ihm könnt ich mir schon vorstellen.

Schürzinger Ich nicht.

Stille.

Karoline Können Sie handlesen ?

Schürzinger Nein.

Karoline Was sind denn der Herr eigentlich von Beruf?

Schürzinger Raten Sie doch mal.

Karoline Feinmechaniker?

Schürzinger Nein. Zuschneider.

Karoline Also das hätt ich jetzt nicht gedacht!

Schürzinger Und warum denn nicht?

Karoline Weil ich die Zuschneider nicht mag. Alle Zuschneider bilden sich gleich soviel ein. *Stille.*

Schürzinger Bei mir ist das eine Ausnahme. Ich hab mich mal mit dem Schicksalsproblem beschäftigt.

Karoline Essen Sie auch gern Eis?

Schürzinger Meine einzige Leidenschaft, wie man so zu sagen pflegt.

Karoline Die einzige?

Schürzinger Ja.

Karoline Schad!

Schürzinger Wieso?

Karoline Ich meine, da fehlt Ihnen doch dann was.

5. Szene

Kasimir erscheint wieder und winkt Karoline zu sich heran, Karoline folgt ihm.

Kasimir Wer ist denn das, mit dem du dort sprichst?

Karoline Ein Bekannter von mir.

Kasimir Seit wann denn?

Karoline Schon seit lang. Wir haben uns gerade ausnahmsweise getroffen. Glaubst du mir denn das nicht?

Kasimir Warum soll ich dir das nicht glauben?

Stille.

Karoline Was willst du? *Stille.*

Kasimir Wie hast du das zuvor gemeint, daß wir zwei zu schwer füreinander sind? *Karoline schweigt boshaft.* Soll das eventuell heißen, daß wir zwei eventuell nicht zueinander passen?

Karoline Eventuell.

Kasimir Also das soll dann eventuell heißen, daß wir uns eventuell trennen sollen – und daß du mit solchen Gedanken spielst?

Karoline So frag mich doch jetzt nicht!

Kasimir Und warum nicht, wenn man fragen darf?

Karoline Weil ich jetzt verärgert bin. Und in einer solchen Stimmung kann ich dir doch nichts Gescheites sagen!

Stille.

Kasimir So. Hm. Also das wird dann schon so sein. So und nicht anders. Da gibt es keine Ausnahmen. Lächerlich.

Karoline Was redest du denn da?

Kasimir Es ist schon so.

Karoline *fixiert ihn:* Wie?

Stille.

Kasimir Oder ist das vielleicht nicht eigenartig, daß es dir gerade an jenem Tage auffällt, daß wir zwei eventuell nicht zueinander passen – an jenem Tage, an welchem ich abgebaut worden bin?

Stille.

Karoline Ich versteh dich nicht, Kasimir.

Kasimir Denk nur nach. Denk nur nach, Fräulein!

Stille.

Karoline *plötzlich:* Oh du undankbarer Mensch! Hab ich nicht immer zu dir gehalten? Weißt es denn nicht, was das für Schwierigkeiten gegeben hat mit meinen Eltern, weil ich keinen Beamten genommen hab und nicht von dir gelassen hab und immer deine Partei ergriffen hab?!

Kasimir Reg dich nur ab, Fräulein! Überleg es dir lieber, was du mir angetan hast.

Karoline Und was tust du mir an?

Kasimir Ich konstatiere eine Wahrheit. So. Und jetzt laß ich dich stehn – *Ab.*

6. Szene

Karoline sieht ihm nach; wendet sich dann wieder dem Schürzinger zu; jetzt dämmert es bereits.

Schürzinger Wer war denn dieser Herr?

Karoline Mein Bräutigam.

Schürzinger Sie haben einen Bräutigam?

Karoline Er hat mich gerade sehr gekränkt. Nämlich gestern ist er abgebaut worden und da hat er jetzt behauptet, ich würde mich von ihm trennen wollen, weil er abgebaut worden ist.

Schürzinger Das alte Lied.

Karoline Geh reden wir von etwas anderem!

Stille.

Schürzinger Er steht dort drüben und beobachtet uns.

Karoline Ich möcht jetzt mal mit der Achterbahn fahren.

Schürzinger Das ist ein teurer Spaß.

Karoline Aber jetzt bin ich auf dem Oktoberfest und ich hab es mir vorgenommen. Geh fahrens halt mit!

Schürzinger Aber nur einmal.

Karoline Also das steht bei Ihnen.

Dunkel.

7. Szene

Das Orchester spielt nun die Glühwürmchen-Suite.

8. Szene

Neuer Schauplatz: Neben der Achterbahn, dort wo die Oktoberfestwiese aufhört.

Die Stelle liegt etwas abseits und ist nicht gut beleuchtet. Nämlich es ist bereits Nacht geworden, aber in der Ferne ist alles illuminiert. Karoline und Schürzinger kommen und hören das Sausen der Achterbahn und das selige Kreischen der Fahrgäste.

9. Szene

Karoline Ja das ist die richtige Achterbahn. Es gibt nämlich noch eine, aber mit der ist man bald fertig. Dort ist die Kasse. Jetzt ist mir etwas gerissen.

Schürzinger Was?

Karoline Ich weiß noch nicht was. Geh drehens Ihnen um bitte.

Stille.

Schürzinger *hat sich umgedreht:* Er folgt uns noch immer, Ihr Herr Bräutigam. Jetzt spricht er sogar mit einem Herrn und einer Dame – sie lassen uns nicht aus den Augen.

Karoline Wo? – Das ist doch jetzt Der Merkl Franz und seine Erna. Ja den kenn ich. Nämlich das ist ein ehemaliger Kollege von meinem Kasimir. Aber der ist auf die schiefe Ebene geraten. Wie oft daß der schon gesessen ist.

Schürzinger Die Kleinen hängt man und die Großen läßt man laufen.

Karoline Das schon. Aber Der Merkl Franz prügelt seine Erna, obwohl sie ihm pariert. Und ein schwaches Weib schlagen, das ist doch wohl schon das allerletzte.

Schürzinger Bestimmt.

Karoline Der Kasimir ist ja auch sehr jähzornig von Natur aus, aber angerührt hat er mich noch nie.

Schürzinger Hoffentlich macht er uns hier keinen Skandal.

Karoline Nein das macht er nie in der Öffentlichkeit. Dazu ist er viel zu beherrscht. Schon von seinem Beruf her.

Schürzinger Was ist er denn?

Karoline *hat sich nun repariert:* Kraftwagenführer. Chauffeur.

Schürzinger Jähzornige Leute sind aber meistens gutmütig.

Karoline Haben Sie Angst?

Schürzinger Wie kommen Sie darauf?

Stille.

Karoline Ich möchte jetzt mit der Achterbahn fahren. *Ab*

mit dem Schürzinger und nun ist einige Zeit kein Mensch zu sehen.

10. Szene

Kasimir kommt langsam mit dem Merkl Franz und dem seiner Erna.

Der Merkl Franz Parlez-vous française?

Kasimir Nein.

Der Merkl Franz Schade.

Kasimir Wieso?

Der Merkl Franz Weil sich das deutsch nicht so sagen läßt. Ein Zitat. In puncto Achterbahn und Karoline – *Zu Erna.* Wenn du mir so was antun würdest, ich tät dir ja das Kreuz abschlagen.

Erna So sei doch nicht so ungerecht.

11. Szene

Karoline kreischt nun droben auf der abwärtssausenden Achterbahn.

Kasimir *starrt empor:* Fahre wohl, Fräulein Karoline! Daß dir nur nichts passiert. Daß du dir nur ja nicht das Genick verrenkst. Das wünscht dir jetzt dein Kasimir.

Der Merkl Franz Habe nur keine Angst. Wir sind zu zweit.

Kasimir Ich bin nicht zu zweit! Ich mag nicht zu zweit sein! Ich bin allein.

Stille.

Der Merkl Franz Ich hätt ja einen plausibleren Vorschlag: laß doch diesen Kavalier überhaupt laufen – er kann doch nichts dafür, daß jetzt die deine mit ihm da droben durch die Weltgeschichte rodelt. Du hast dich doch nur mit ihr auseinanderzusetzen. Wie sie auf der Bildfläche erscheint, zerreiß ihr das Maul.

Kasimir Das ist eine Ansichtssache.

Der Merkl Franz Natürlich.

Stille.

Kasimir Ich bin aber nicht der Ansicht.

Der Merkl Franz Du bist halt ein naiver Mensch.

Kasimir Wahrscheinlich.

Stille.

Der Merkl Franz Was ist das Weib? Kennst den Witz, wo die Tochter mit dem leiblichen Vater und dem Bruder –

Erna *unterbricht ihn:* Du sollst nicht immer so wegwerfend über uns Frauen reden!

Stille.

Der Merkl Franz Ja wie hätten wir es denn?

Erna Ich bin doch zu guter Letzt auch eine Frau!

Der Merkl Franz Also werd mir nur nicht nervös. Da. Halt mal meine Handschuhe. Jetzt möchte er sich nur etwas holen, dort drüben, für das Gemüt – *Ab; in der Ferne ertönt nun ein Waldhorn, und zwar wehmütig.*

12. Szene

Erna Herr Kasimir. Da schauns mal hinauf. Das ist der Große Bär.

Kasimir Wo?

Erna Dort. Und das dort ist der Orion. Mit dem Schwert.

Kasimir Woher wissen Sie denn all das?

Erna Das hat mir mal mein Herr erklärt, wie ich noch gedient hab – der ist ein Professor gewesen. Wissens, wenns mir schlecht geht, dann denk ich mir immer, was ist ein Mensch neben einem Stern. Und das gibt mir dann wieder einen Halt.

13. Szene

Schürzinger erscheint und das Waldhorn verstummt. Kasimir erkennt ihn. Schürzinger grüßt. Kasimir grüßt auch, und zwar unwillkürlich.

Schürzinger Ihr Fräulein Braut fahren noch.

Kasimir *fixiert ihn grimmig:* Das freut mich.

14. Szene

Der Merkl Franz erscheint nun auch wieder; er hatte sich drüben zwei Paar Schweinswürstel gekauft und verzehrt nun selbe mit Appetit.

15. Szene

Schürzinger Ich bin nur einmal mitgefahren. Ihr Fräulein Braut wollte aber noch einmal.

Kasimir Noch einmal.

Schürzinger Bestimmt.

Stille.

Kasimir Bestimmt. Alsdann: Der Herr sind doch ein alter Bekannter von meiner Fräulein Braut?

Schürzinger Wieso?

Kasimir Was wieso?

Schürzinger Nein das muß ein Irrtum sein. Ich kenne Ihr Fräulein Braut erst seit zuvor dort bei dem Eismann – da sind wir so unwillkürlich ins Gespräch gekommen.

Kasimir Unwillkürlich –

Schürzinger Absolut.

Kasimir Das auch noch.

Schürzinger Warum?

Kasimir Weil das sehr eigenartig ist. Nämlich mein Fräulein Braut sagte mir zuvor, daß sie Ihnen schon seit langem kennt. Schon seit lang, sagte sie.

Der Merkl Franz Peinsam. *Stille*

Schürzinger Das tut mir aber leid.

Kasimir Also stimmt das jetzt oder stimmt das jetzt nicht? Ich möchte nämlich da klar sehen. Von Mann zu Mann.

Stille.

Schürzinger Nein. Es stimmt nicht.

Kasimir Ehrenwort?

Schürzinger Ehrenwort.

Kasimir Ich danke.

Stille.

Der Merkl Franz In diesem Sinne kommst du auf keinen grünen Zweig nicht, lieber guter alter Freund. Hau ihm doch eine aufs Maul –

Kasimir Mische dich bitte da nicht hinein!

Der Merkl Franz Huste mich nicht so schwach an! Du Nasenbohrer.

Kasimir Ich bin kein Nasenbohrer!

Der Merkl Franz Du wirst es ja schon noch erleben, wo du landen wirst mit derartig nachsichtigen Methoden! Ich seh dich ja schon einen Kniefall machen vor dem offiziellen Hausfreund deiner eignen Braut! Küsse nur die Spur ihres Trittes – du wirst ihr auch noch die Schleppe tragen und dich mit einer besonderen Wonne unter ihre Schweißfüße beugen, du Masochist!

Kasimir Ich bin kein Masochist! Ich bin ein anständiger Mensch!

Stille.

Der Merkl Franz Das ist der Dank. Man will dir helfen und du wirst anzüglich. Stehen lassen sollte ich dich da wo du stehst!

Erna Komm Franz!

Der Merkl Franz kneift sie in den Arm.

Au! Au –

Der Merkl Franz Und wenn du dich noch so sehr windest! Ich bleibe, solange ich Lust dazu habe – in einer solchen Situation darf man seinen Freund nicht allein lassen.

16. Szene

Karoline erscheint.

Stille.

17. Szene

Kasimir *nähert sich langsam Karoline und hält dicht vor ihr:* Ich habe dich zuvor gefragt, wie du das verstanden haben willst, daß wir zwei eventuell nicht mehr zueinander passen. Und du hast gesagt: eventuell. Hast du gesagt.

Karoline Und du hast gesagt, daß ich dich verlasse, weil du abgebaut worden bist. Das ist eine ganz tiefe Beleidigung. Eine wertvolle Frau hängt höchstens noch mehr an dem Manne, zu dem sie gehört, wenn es diesem Manne schlecht geht.

Kasimir Bist du eine wertvolle Frau?

Karoline Das mußt du selber wissen.

Kasimir Und du hängst jetzt noch mehr an mir?

Karoline schweigt.

Du sollst mir jetzt eine Antwort geben.

Karoline Ich kann dir darauf keine Antwort geben. Das mußt du fühlen.

Stille.

Kasimir Warum lügst du?

Karoline Ich lüge nicht.

Kasimir Doch. Und zwar ganz ohne Schamgefühl.

Stille.

Karoline Wann soll denn das gewesen sein?

Kasimir Zuvor. Da hast du gesagt, daß du diesen Herrn dort schon lange kennst. Seit schon lang, hast du gesagt. Und derweil ist das doch nur so eine Oktoberfestbekanntschaft. Warum hast du mich angelogen?

Stille.

Karoline Ich war halt sehr verärgert.

Kasimir Das ist noch kein Grund.

Karoline Bei einer Frau vielleicht schon.

Kasimir Nein.

Stille.

Karoline Eigentlich wollte ich ja nur ein Eis essen – aber dann haben wir über den Zeppelin gesprochen. Du bist doch sonst nicht so kleinlich.

Kasimir Das kann ich jetzt nicht so einfach überwinden.

Karoline Ich habe doch nur mit der Achterbahn fahren wollen. *Stille.*

Kasimir Wenn du gesagt hättest: lieber Kasimir, ich möchte gerne mit der Achterbahn fahren, weil ich das so gerne möchte – dann hätte der Kasimir gesagt: fahre zu mit deiner Achterbahn!

Karoline So stell dich doch nicht so edel hin!

Kasimir Schleim dich nur ruhig aus. Wer ist denn das eigentlich?

Karoline Das ist ein gebildeter Mensch. Ein Zuschneider.

Stille.

Kasimir Du meinst also, daß ein Zuschneider etwas Gebildeteres ist wie ein ehrlicher Chauffeur?

Karoline Geh verdrehe doch nicht immer die Tatsachen.

Kasimir Das überlasse ich dir! Ich konstatiere, daß du mich angelogen hast und zwar ganz ohne Grund! So schwing dich doch mit deinem gebildeten Herrn Zuschneider! Das sind freilich die feineren Kavaliere als wie so ein armer Hund, der wo gestern abgebaut worden ist!

Karoline Und nur weil du abgebaut worden bist, soll ich jetzt vielleicht weinen? Gönnst einem schon gar kein Vergnügen, du Egoist.

Kasimir Seit wann bin ich denn ein Egoist? Jetzt muß ich aber direkt lachen! Hier dreht es sich doch nicht um deine Achterbahn, sondern um dein unqualifizierbares Benehmen, indem daß du mich angelogen hast!

Schürzinger Pardon –

Der Merkl Franz *unterbricht ihn:* Jetzt halt aber endlich dein Maul, und schau daß du dich verrollst! Fahr ab sag ich!

Kasimir Laß ihn laufen, Merkl! Die zwei passen prima zusammen! *Zu Karoline.* Du Zuschneidermensch! *Stille.*

Karoline Was hast du da jetzt gesagt?

Der Merkl Franz Er hat jetzt da gesagt: Zuschneidermensch. Oder Nutte, wie der Berliner sagt.

Schürzinger Kommen Sie, Fräulein!

Karoline Ja. Jetzt komme ich – *Ab mit dem Schürzinger.*

18. Szene

Der Merkl Franz *sieht ihnen nach:* Glückliche Reise!

Kasimir Zu zweit.

Der Merkl Franz Weiber gibts wie Mist! *Zu Erna.* Wie Mist.

Erna Sei doch nicht so ordinär. Was hab ich denn dir getan?

Der Merkl Franz Du bist eben auch nur ein Weib. So und jetzt kauft sich Der Merkl Franz eine Tasse Bier. Von wegen der lieblicheren Gedanken. Kasimir, geh mit!

Kasimir Nein. Ich geh jetzt nachhaus und leg mich ins Bett. *Ab.*

19. Szene

Der Merkl Franz *ruft ihm nach:* Gute Nacht! *Dunkel.*

20. Szene

Das Orchester spielt nun die Parade der Zinnsoldaten.

21. Szene

Neuer Schauplatz: Beim Tobogan. Am Ende der Rinne, in welcher die Toboganbesucher am Hintern herunterrutschen. Wenn dabei die zuschauenden Herren Glück haben, dann können sie den herunterrutschenden Damen unter die Röcke sehen. Auch Rauch und Speer sehen zu.

Links ein Eismann mit türkischem Honig und Luftballons. Rechts eine Hühnerbraterei, die aber wenig frequentiert wird, weil alles viel zu teuer ist. Jetzt rutschen gerade Elli und Maria in der Rinne herunter und man kann ihnen unter die Röcke sehen. Und die Luft ist voll Wiesenmusik.

22. Szene

Rauch zwinkert Elli und Maria zu, die wo sich mit ihren Büstenhaltern beschäftigen, welche sich durch das Herabrutschen verschoben haben.

Elli Ist das aber ein alter Hirsch.

Maria Reichlich.

Elli Ein Saubär ein ganz bremsiger.

Maria Ich glaub, daß der andere ein Norddeutscher ist.

Elli Wieso weswegen?

Maria Das kenn ich am Hut. Und an die Schuh.

Rauch grinst noch immer.

Elli *blickt ihn freundlich an – aber so, daß er es nicht hören kann:* Schnallentreiber dreckiger.

Rauch grüßt geschmeichelt.

Wie zuvor. Guten Abend, Herr Nachttopf!

Rauch läuft das Wasser im Munde zusammen.

Wie zuvor. Das tät dir so passen, altes Scheißhaus – Denk lieber ans Sterben als wie an das Gegenteil! *Fröhlich lachend ab mit Maria.*

23. Szene

Rauch Geht los wie Blücher!

Speer Zwei hübsche Todsünden – was?

Rauch Trotz Krise und Politik – mein altes Oktoberfest, das bringt mir kein Brüning um. Hab ich übertrieben?

Speer Gediegen. Sehr gediegen!

Rauch Da sitzt doch noch der Dienstmann neben dem Geheimrat, der Kaufmann neben dem Gewerbetreibenden, der Minister neben dem Arbeiter – so lob ich mir die Demokratie! *Er tritt mit Speer an die Hühnerbraterei; die beiden Herren fressen nun ein zartes knuspriges Huhn und saufen Kirsch und Wiesenbier.*

24. Szene

Karoline *kommt mit dem Schürzinger; sie etwas voraus – dann hält sie plötzlich und er natürlich auch:* Muß denn das sein, daß die Männer so mißtrauisch sind? Wo man schon alles tut, was sie wollen.

Schürzinger Natürlich muß man sich als Mann immer in der Hand haben. Sie dürfen mich nicht falsch verstehen.

Karoline Warum?

Schürzinger Ich meine, weil ich zuvor eine Lanze für Ihren Herrn Bräutigam gebrochen hab. Er ist halt sehr aufgebracht – es ist das doch kein Kinderspiel so plötzlich auf der Straße zu liegen.

Karoline Das schon. Aber das ist doch noch kein Grund, daß er sagt, daß ich eine Dirne bin. Man muß das immer trennen, die allgemeine Krise und das Private.

Schürzinger Meiner Meinung nach sind aber diese beiden Komplexe unheilvoll miteinander verknüpft.

Karoline Geh redens doch nicht immer so geschwollen daher! Ich kauf mir jetzt noch ein Eis. *Sie kauft sich bei dem Eismann Eis und auch der Schürzinger schleckt wieder eine Portion.*

25. Szene

Rauch *deutet fressend auf Karoline:* Was das Mädchen dort für einen netten Popo hat –

Speer Sehr nett.

Rauch Ein Mädchen ohne Popo ist kein Mädchen.

Speer Sehr richtig.

26. Szene

Schürzinger Ich meine ja nur, daß man sich so eine Trennung genau überlegen muß mit allen ihren Konsequenzen.

Karoline Mit was denn für Konsequenzen? Ich bin doch eine berufstätige Frau.

Schürzinger Aber ich meine ja doch jetzt das seelische Moment.

Stille.

Karoline Ich bin nicht so veranlagt, daß ich mich beschimpfen lasse. Ich bin ja sogar blöd, daß ich mich derart mit Haut und Haar an den Herrn Kasimir ausgeliefert habe – Ich hätt doch schon zweimal einen Beamten heiraten können mit Pensionsberechtigung.

Stille.

Schürzinger Ich möchte es halt nur nicht gerne haben, daß das jetzt so herschaut, als wäre vielleicht ich an dieser Entfremdung zwischen ihm und Ihnen schuld – Ich habe nämlich schon einmal Mann und Frau entzweit. Nie wieder!

Karoline Sie haben doch vorhin gesagt, daß wenn der Mann arbeitslos wird, daß dann hernach auch die Liebe von seiner Frau zu ihm hin nachläßt – und zwar automatisch.

Schürzinger Das liegt in unserer Natur. Leider.

Karoline Wie heißen Sie denn eigentlich mit dem Vornamen?

Schürzinger Eugen.

Karoline Sie haben so ausgefallene Augen.

Schürzinger Das haben mir schon manche gesagt.

Karoline Bildens Ihnen nur nichts ein!

Stille.

Schürzinger Gefällt Ihnen Eugen als Vorname?

Karoline Unter Umständen.

Stille.

Schürzinger Ich bin ein einsamer Mensch, Fräulein. Sehen Sie, meine Mutter zum Beispiel, die ist seit der Inflation taub und auch nicht mehr ganz richtig im Kopf, weil sie alles verloren hat – so habe ich jetzt keine Seele, mit der ich mich aussprechen kann.

Karoline Habens denn keine Geschwister?

Schürzinger Nein. Ich bin der einzige Sohn.

Karoline Jetzt kann ich aber kein Eis mehr essen. *Ab mit dem Schürzinger.*

27. Szene

Speer Eine merkwürdige Jugend diese heutige Jugend. Wir haben ja seinerzeit auch Sport getrieben, aber so merkwürdig wenig Interesse für die Reize des geistigen Lebens –

Rauch Eine eigentlich unsinnliche Jugend.

Speer *lächelt:* Es bleibt ihnen zwar manches erspart.

Rauch Ich hab immer Glück gehabt.

Speer Ich auch, außer einmal.

Rauch War sie wenigstens hübsch?

Speer In der Nacht sind alle Katzen grau.

Rauch *erhebt sein Glas:* Spezielles!

28. Szene

Karoline rutscht nun die Rinne herunter gefolgt von dem Schürzinger und Rauch und Speer können ihr unter die Röcke sehen.

Schürzinger erblickt Rauch, zuckt zusammen und grüßt überaus höflich, sogar gleich zweimal.

29. Szene

Rauch *dankt überrascht; zu Speer:* Wer ist denn das? Jetzt grüßt mich da der Kavalier von dem netten Popo –

30. Szene

Karoline *beschäftigt sich nun auch mit ihrem Büstenhalter:* Wer ist denn das dort?

Schürzinger Das ist er selbst. Kommerzienrat Rauch. Mein Chef. Sie kennen doch die große Firma – vier Stock hoch und auch noch nach hinten hinaus.

Karoline Ach ja ja!

Schürzinger Er hat zwar im Juni eine GmbH aus sich gemacht, aber nur pro forma von wegen der Steuer und so.

31. Szene

Rauch *hatte sich mit Speer besprochen und nähert sich nun bereits etwas angetrunken dem Schürzinger:* Verzeihen Sie der Herr! Woher haben wir das Vergnügen?

Schürzinger Mein Name ist Schürzinger, Herr Kommerzienrat.

Rauch Schürzinger?

Schürzinger Kinderkonfektion. Abteilung Kindermäntel.

Stille.

Rauch *zu Schürzinger:* Das Fräulein Braut?

Karoline Nein.

Stille.

Rauch *steckt dem Schürzinger eine Zigarre in den Mund:* Sehr angenehm! *Zu Karoline.* Dürfen der Herr Kommerzienrat das Fräulein zu einem Kirsch bitten?

Karoline Nein danke. Ich kann keinen Kirsch vertragen. Ich möcht gern einen Samos.

Rauch Also einen Samos! *Er tritt an die Hühnerbraterei.* Einen Samos! *Zu Karoline.* Das ist mein bester Freund aus Erfurt in Thüringen – und ich stamme aus Weiden in der Oberpfalz. Auf Ihr Wohlsein, Fräulein! Und einen Kirsch für den jungen Mann da!

Schürzinger Verzeihung, Herr Kommerzienrat – aber ich nehme nie Alkohol zu mir.

32. Szene

Kasimir erscheint und beobachtet.

33. Szene

Rauch Na wieso denn nicht?

Schürzinger Weil ich ein Antialkoholiker bin, Herr Kommerzienrat.

Speer Aus Prinzip?

Schürzinger Wie man so zu sagen pflegt.

Rauch Also derartige Prinzipien werden hier nicht anerkannt! Wir betrachten selbige als nichtexistent! Mit seinem Oberherrgott wird der junge Mann schon einen Kirsch kippen! Ex, Herr –

Schürzinger Schürzinger. *Er leert das Glas und schneidet eine Grimasse.*

Rauch Schürzinger! Ich hatte mal einen Erzieher, der hieß auch Schürzinger. War das ein Rhinozeros! Noch einen Samos! Und noch einen Kirsch für den Herrn Antialkoholiker – den haben wir jetzt entjungfert in Sachen Alkohol. Sie vielleicht auch, Fräulein?

Karoline Oh nein! Ich trink nur nichts Konzentriertes und das gemischte Zeug hab ich schon garnicht gern – *Sie erblickt Kasimir.*

34. Szene

Kasimir winkt sie zu sich heran. Karoline folgt nicht.

Kasimir winkt deutlicher.

Karoline leert den Samos, stellt dann das Glas trotzig und umständlich hin und nähert sich langsam Kasimir.

35. Szene

Rauch Wer ist denn das? Don Quichotte?

Rauch Das ist der Bräutigam von dem Fräulein.

Speer Tableau!

Schürzinger Sie möcht aber nichts mehr von ihm wissen.

Rauch Schon wieder angenehmer!

36. Szene

Karoline Was willst du denn schon wieder?

Stille.

Kasimir Was sind denn das dort für Leute?

Karoline Lauter alte Bekannte.

Kasimir Sei nicht boshaft bitte.

Karoline Ich bin nicht boshaft. Der Dicke dort ist der berühmte Kommerzienrat Rauch, der wo Alleininhaber ist. Und der andere kommt aus Norddeutschland. Ein Landgerichtsdirektor.

Kasimir Also lauter bessere Menschen. Du kannst mich jetzt nicht mehr aufregen.

Stille.

Karoline Was willst du noch?

Kasimir Ich hab dich um Verzeihung bitten wollen von wegen meinem Mißtrauen und daß ich zuvor so grob zu dir war. Nein das war nicht schön von mir. Wirst du mir das verzeihen?

Karoline Ja.

Kasimir Ich danke dir. Jetzt geht es mir schon wieder anders – *Er lächelt.*

Karoline Du verkennst deine Lage.

Kasimir Was für eine Lage?

Stille.

Karoline Es hat keinen Sinn mehr, Kasimir. Ich hab mir das überlegt und habe mich genau geprüft – *Sie wendet sich der Schnapsbude zu.*

Kasimir Aber das sind doch dort keine Menschen für dich! Die nützen dich doch nur aus zu ihrem Vergnügen!

Karoline So sei doch nicht so sentimental. Das Leben ist hart und eine Frau, die wo etwas erreichen will, muß einen einflußreichen Mann immer bei seinem Gefühlsleben packen.

Kasimir Hast du mich auch dort gepackt?

Karoline Ja.

Stille.

Kasimir Das ist nicht wahr.

Karoline Doch.

Stille.

Kasimir Was willst du denn durch diese Herrschaften dort erreichen?

Karoline Eine höhere gesellschaftliche Stufe und so.

Kasimir Das ist aber eine neue Ansicht, die du da hast.

Karoline Nein, das ist keine neue Ansicht – aber ich habe mich von dir tyrannisieren lassen und habe es dir nachgesagt, daß eine Büroangestellte auch nur eine Proletarierin ist! Aber da drinnen in meiner Seele habe ich immer anders gedacht! Mein Herz und mein Hirn waren ja umnebelt, weil ich dir hörig war! Aber jetzt ist das aus.

Kasimir Aus?

Karoline Du sagst es.

Stille.

Kasimir So. Hm. Also das wird dann schon so sein. Der Kasimir ist halt abgebaut. So und nicht anders. Da gibt es keine Ausnahmen. Lächerlich.

Karoline Hast du mir noch etwas zu sagen?

Stille.

Kasimir Lang bin ich herumgeschlichen und hab es mir überlegt, ob ich dich nämlich um Verzeihung bitten soll – aber jetzt tut es mir leid. *Ab.*

37. Szene

Karoline sieht ihm nach und wendet sich dann wieder der Schnapsbude zu.

Dunkel.

38. Szene

Das Orchester spielt nun die letzte Rose.

39. Szene

Neuer Schauplatz: Bei den Abnormitäten. Drinnen im Zuschauerraum. Es ist gesteckt voll. Auch Rauch, Speer, Karoline und der Schürzinger sitzen drinnen.

40. Szene

Der Ausrufer Als fünftes darf ich Ihnen nun vorstellen den Mann mit dem Bulldoggkopf!

Der Mann mit dem Bulldoggkopf betritt die Bühne.

Johann, der Mann mit dem Bulldoggkopf, ist vorgestern sechzehn Jahre alt geworden. Wie Sie sehen, sind seine Unterkieferknochen abnorm stark ausgeprägt, so daß er mit seiner Unterlippe ohne weiteres bequem seine Nase bedecken kann.

Der Mann mit dem Bulldoggkopf tut es.

Johann kann seinen Mund nicht öffnen und wird daher künstlich ernährt. Man könnte ihm zwar durch eine überaus schwierige Operation den Mund öffnen, aber dann hinwiederum könnte er seinen Mund nie schließen. Sie sehen hier, was die Natur für Spiele zu betreiben beliebt und welch seltsame Menschen auf unserer Erde hausen. *Der Mann mit dem Bulldoggkopf verbeugt sich und ab.*

41. Szene

Der Ausrufer Und nun, meine Herrschaften, kommen wir zur sechsten Nummer und damit zum Clou unserer Serie. Juanita, das Gorillamädchen!

Juanita betritt die Bühne.

Juanita wurde in einem kleinen Dorfe bei Zwickau geboren. Wieso es gekommen war, daß sie in Hinsicht auf ihre körperliche Gestaltung nicht wie andere Menschenkinder das Licht der Welt erblickt hatte, das ist ein Rätsel der Wissenschaft. Wie sich die Herrschaften überzeugen können, ist Juanita am ganzen Leibe tierisch behaart und auch die Anordnung der inneren Organe ist wie bei einem Tier –

42. Szene

Surren in der Luft, und zwar immer stärker und stärker; draußen Geheul und allgemeiner Musiktusch.

Rauch *schnellt empor:* Der Zeppelin! Der Zeppelin!

Ohrenbetäubendes Surren, die Zuschauer stürzen in das Freie – und nun beschreibt der Zeppelin einige Schleifen über der Oktoberfestwiese.

43. Szene

Juanita will auch hinaus.

Der Ausrufer Zurück! Meschugge?

Juanita Aber der Zeppelin –

Der Ausrufer Aber ausgeschlossen! Unmöglich! Zurück!

44. Szene

Der Mann mit dem Bulldoggkopf erscheint mit den übrigen Abnormitäten, der dicken Dame, dem Riesen, dem jungen Mädchen mit Bart, dem Kamelmenschen und den zusammengewachsenen Zwillingen.

Der Ausrufer Ja wer hat euch denn gerufen?! Was nehmt ich [*ihr?] euch denn da heraus?!

Die dicke Dame Aber der Zeppelin –

45. Szene

Der Liliputaner *erscheint auf der Bühne mit einer Hundepeitsche:* Heinrich! Was gibts denn da?

Der Ausrufer Direktor! Die Krüppel sind wahnsinnig geworden! Sie möchten den Zeppelin sehen!

Der Liliputaner *scharf*: Sonst noch was fällig?!

Stille.

Auf die Plätze! Aber schleunigst bitte! Was braucht ihr einen Zeppelin zu sehen – wenn man euch draußen sieht, sind wir pleite! Das ist ja Bolschewismus!

Juanita Also beschimpfen laß ich mich nicht! *Sie weint.*

Der Mann mit dem Bulldoggkopf röchelt, wankt und faßt sich ans Herz.

Die dicke Dame Johann! Johann –

Der Liliputaner Raus mit euch! Marsch marsch!

Die dicke Dame *stützt den Mann mit dem Bulldoggkopf*: Der arme Johann – er hat doch so ein schwaches Herz – *Sie zieht sich zurück mit den übrigen Abnormitäten, nur Juanita bleibt zurück.*

46. Szene

Der Liliputaner *plötzlich sanft*: Also nur nicht weinen, kleine Juanita – hier hast du Bonbons – schöne Pralinen –

Juanita Sie sollen mich nicht immer beschimpfen, Herr Direktor – das ist doch wirklich schon unchristlich.

Der Liliputaner Nichts für ungut. Da – *Er übergibt ihr die Pralinen und ab.*

47. Szene

Juanita verzehrt apathisch die Pralinen – inzwischen erscheinen Karoline und der Schürzinger wieder im Zuschauerraum und setzen sich in die hinterste Bankreihe.

48. Szene

Karoline Er sieht schön aus, der Zeppelin – auch in der Nacht, so beleuchtet. Aber wir fliegen ja nicht mit.

Schürzinger Bestimmt.

Karoline Sie schaun mich so komisch an.

Schürzinger Sie mich auch.

Stille

Karoline Ich glaub, ich habe schon einen kleinen sitzen. Und Sie haben noch nie einen Alkohol getrunken?

Schürzinger Noch nie.

Karoline Und auch sonst sind der Herr so zurückhaltend?

Schürzinger Das wieder weniger eigentlich.

Karoline gibt ihm plötzlich einen kurzen Kuß.

Stille.

Jetzt kenn ich mich nicht mehr aus. Ist das jetzt der Alkohol oder – es geht nämlich etwas vor in mir, was ich nicht kontrollieren kann. Wenn man zum Beispiel Geld hätte –

Karoline *unterbricht ihn*: Geh sei doch nicht so fad!

Stille.

Schürzinger Sind wir jetzt per du?

Karoline Für diesen heutigen Abend

Schürzinger Und für sonst?

Karoline Vielleicht!

Stille.

49. Szene

Rauch erscheint nun auch wieder im Zuschauerraum – er erblickt Karoline und Schürzinger, hält knapp beim Eingang und lauscht.

Karoline Du heißt Eugen?

Schürzinger Ja.

Karoline Und ich heiße Karoline. Warum lachst du jetzt?

Schürzinger Weil ich mich freu.

Rauch Und ich heiße Konrad.

Schürzinger zuckt zusammen und Karoline ebenfalls.

Stille.

Schürzinger erhebt sich. Grinst und droht neckisch mit dem Zeigefinger.

Nanana, böses Karolinchen – wer sitzt denn da drinnen, während draußen der Zeppelin fliegt?

Karoline Oh den Zeppelin, den kenne ich schon auswendig!

Rauch *fixiert Schürzinger; verärgert:* Ich gratuliere.

Schürzinger verbeugt sich unangenehm berührt.

Grimmig. Nur so weiter! Lassen Sie sich nur nicht stören in Ihrer angeregten Unterhaltung –

Schürzinger Herr Kommerzienrat! Angeregt ist anders, wie man so zu sagen pflegt – *Er lächelt höflich und setzt sich wieder.*

Rauch Anders?

50. Szene

Speer *ist Rauch gefolgt:* Ein widerlicher Bursche!

Rauch Ein Zyniker.

Speer Schmiert sich da an Karolinchen an, während wir dem Zepp folgen.

Rauch Es wird sich da bald ausgeschmiert haben

51. Szene

Das Orchester intoniert nun piano den Radetzkymarsch und die Zuschauer betreten nun wieder den Zuschauerraum, weil der Zeppelin bereits unterwegs nach Friedrichshafen ist. Als alles wieder sitzt, bricht das Orchester ab, und zwar mitten im Takt.

52. Szene

Karoline Wie willst du das verstanden haben, daß du nicht angeregt bist?

Schürzinger Aber das war doch nur eine momentane Taktik.

Karoline Ich höre dich schon gehen. Du bist also ein berechnender Mensch. Auch in der Liebe?

Schürzinger Nein das ist ein krasses Mißverständnis, was du da nämlich jetzt denkst.

Karoline Ich denke ja garnichts, ich sage es ja nur.

53. Szene

Der Ausrufer *schlägt auf den Gong:* Meine Damen und Herren! Wir waren dort stehen geblieben, daß Juanita auf dem ganzen Leibe tierisch behaart und daß auch die Anordnung ihrer inneren

Organe wie bei einem Tiere ist. Trotzdem hat Juanita aber eine äußerst rege Phantasie. So spricht sie perfekt englisch und französisch und das hat sie sich mit zähem Fleiß selbst beigebracht. Und nun wird sich Juanita erlauben, den Herrschaften eine Probe ihrer prächtigen Naturstimme zu geben! Darf ich bitten –

Auf einem ausgeleierten Piano ertönt die Barcarole aus Hoffmanns Erzählungen.

54. Szene

Juanita *singt – und während sie singt, legt Schürzinger seinen Arm um Karolinens Taille und auch ihre Waden respektive Schienbeine berühren sich:*

Schöne Nacht, du Liebesnacht
Oh stille mein Verlangen!
Süßer als der Tag uns lacht
Die schöne Liebesnacht.
Flüchtig weicht die Zeit
unwiederbringlich unserer Liebe
Fern von diesem lauschigen Ort entweicht die flüchtige Zeit
Zephire lind und sacht

Die uns kosend umfangen
Zephire haben sacht
Sanfte Küsse gebracht –
Ach.
Schöne Nacht, du Liebesnacht
Oh stille mein Verlangen.
Süßer als der Tag uns lacht
Die schöne Liebesnacht –
Ach.

55. Szene

Schon während der letzten Strophen fiel der Vorhang. Nun hat Juanita ihr Lied beendet und der Liliputaner geht vor dem Vorhang von rechts nach links über die Bühne. Er hält eine Tafel in den Händen und auf dieser Tafel steht: »Pause«.

56. Szene

Pause.

57. Szene

Und wieder wird es dunkel im Zuschauerraum und das Orchester spielt den bayerischen Defiliermarsch von Scherzer. Hierauf hebt sich wieder der Vorhang.

58. Szene

Schauplatz: Beim Wagnerbräu.

Mit der festlichen Blechmusikkapelle. Der Merkt Franz ist aufgeräumt und seine Erna mehr bescheiden, während Kasimir melancholisch daneben hockt.

59. Szene

Alles *außer Kasimir, singt zur Blechmusik:*

Solang der alte Peter
Am Petersbergerl steht
Solang die grüne Isar
Durchs Münchnerstadterl fließt
Solang am Platzl drunten
Noch steht das Hofbräuhaus
Solang stirbt die Gemütlichkeit
Zu München nimmer aus
Solang stirbt die Gemütlichkeit

Zu München nimmer aus!

Ein Prosit, ein Prosit der Gemütlichkeit!

Eins, zwei, drei – gsuffa!

60. Szene

Der Merkl Franz Prost Kasimir! Sauf damit du etwas wirst!

Kasimir Was soll ich denn schon werden? Vielleicht gar ein Kommerzienrat!

Der Merkl Franz So gründ doch eine neue Partei! Und werd Finanzminister!

Kasimir Wer den Schaden hat, hat auch den Spott.

Der Merkl Franz Wem nicht zu raten ist, dem ist nicht zu helfen.

Stille.

Kasimir Jetzt bin ich ein Kraftwagenführer und habe den Führerschein A drei und den Führerschein B drei.

Der Merkl Franz Sei nur froh, daß du deine Braut nicht mehr hast, diese arrogante Person!

Kasimir Das Fräulein sind halt eine Büroangestellte.

Der Merkl Franz Das ist noch kein Entschuldigungsgrund.

Kasimir Überhaupt sind alle Weiber minderwertige Subjekte – Anwesende natürlich ausgenommen. Sie verkaufen ihre Seele und verraten in diesem speziellen Falle mich wegen einer Achterbahn.

Erna Wenn ich ein Mann wär, dann tät ich keine Frau anrühren. Ich vertrag schon den Geruch nicht von einer Frau. Besonders im Winter.

61. Szene

Alles *außer Kasimir, singt nun wieder zur Blechmusik:*

Ich schieß den Hirsch im wilden Forst
Im dunklen Wald das Reh
Den Adler auf der Klippe Horst
Die Ente auf dem See.

Kein Ort der Schutz gewähren kann
Wenn meine Büchse knallt –
Und dennoch hab ich harter Mann
die Liebe schon gespürt.

Plötzlich Stille.

62. Szene

Kasimir Und dennoch hab ich harter Mann die Liebe schon gespürt – und die ist ein Himmelslicht und macht deine Hütte zu einem Goldpalast – und sie höret nimmer auf, solang du nämlich nicht arbeitslos wirst. Was sind denn das schon überhaupt für Ideale von wegen dem seelischen Ineinanderhineinfließen zweier Menschen? Adam und Eva! Ich scheiß dir was auf den Kontakt – da hab ich jetzt noch ein Kapital von rund vier Mark, aber heut sauf ich mich an und dann häng ich mich auf – und morgen werden die Leut sagen: Es hat einmal einen armen Kasimir gegeben –

Der Merkl Franz Einen Dreck werden die Leut sagen! Da sterben ja täglich Tausende – und sind schon vergessen, bevor daß sie sterben! Vielleicht, daß wenn du ein politischer Toter wärst, nachher tätst noch mit einem Pomp begraben werden, aber schon morgen vergessen – vergessen!

Kasimir Ja man ist ziemlich allein.

Der Merkl Franz Prost Arschloch!

63. Szene

Alles *außer Kasimir, singt nun abermals zur Blechmusik:*

Trink, trink, Brüderlein trink

Lasse die Sorgen zuhaus

Deinen Kummer und deinen Schmerz

Dann ist das Leben ein Scherz

Deinen Kummer und deinen Schmerz

Dann ist das Leben ein Scherz.

Plötzlich Stille.

64. Szene

Kasimir *erhebt sich:* So. Jetzt werd ich aber elementar. Eigentlich sollt ich jetzt zur Karoline nachhause gehen und ihr alle Kleider aus ihrem Kleiderschrank herausreißen und zerreißen, bis die Fetzen fliegen! Jetzt werd ich aber ganz ekelhaft! *Wankend ab.*

65. Szene

Erna Wo geht denn der da hin?

Der Merkl Franz Wenn er nicht hineinfallt, kommt er wieder heraus.

Erna Ich hab nämlich direkt Angst –

Der Merkl Franz Der tut sich doch nichts an.

Erna Aber ich glaub es nicht, daß der eine robuste Natur ist. Der ist mehr empfindsam.

Der Merkl Franz Du hast ja eine scharfe Beobachtungsgabe.

Stille.

Erna Du Franz – laß ihn doch laufen bitte.

Der Merkl Franz Wen?

Erna Den Kasimir.

Der Merkl Franz Wieso laufen lassen?

Erna Der paßt doch nicht zu uns, das hab ich jetzt direkt im Gefühl. Beeinflusse ihn nicht bitte.

Der Merkl Franz Und warum nicht?

Erna Weil das ist ja auch nichts, was wir da treiben.

Der Merkl Franz Seit wann denn?

Stille.

Erna Geh so tu doch deine Finger aus meinem Bier!

Der Merkl Franz Du hast eine scharfe Beobachtungsgabe.

Erna So tu doch die Finger da raus –

Der Merkl Franz Nein. Das kühlt mich so angenehm. Mein heißes Blut. *Erna reißt plötzlich seine Hand aus ihrem Bierkrug. Der Merkl Franz grinst perplex.*

66. Szene

Alles *außer Erna und dem Merkl Franz, singt nun wieder zur Blechmusik; Rauch, Speer, Karoline und Schürzinger gehen vorüber, mit dem Maßkrug in der Hand, Papiermützen auf dem Kopf und Scherzartikel in der Hand – auch sie singen natürlich mit:*

Trink, trink, Brüderlein trink
Lasse die Sorgen zuhaus
Deinen Kummer und deinen Schmerz
Dann ist das Leben ein Scherz!
Deinen Kummer und deinen Schmerz
Dann ist das Leben ein Scherz!

Plötzlich Stille.

67. Szene

Kasimir *erscheint mit Elli und Maria – er hält beide umarmt:* Darf ich bekannt machen! Wir drei Hübschen haben uns gerade soeben vor der Toilette kennengelernt! Merkl, kannst du mir das Phänomen erklären, warum daß die Damenwelt immer zu zweit verschwindet?

Maria Pfui!

Der Merkl Franz Hier gibt es kein Pfui, Fräulein!

Kasimir Wir sind alles nur Menschen! Besonders heute! *Er setzt sich und läßt Elli auf seinem Schoß Platz nehmen.*

Elli *zum Merkl Franz:* Stimmt das jetzt, daß dieser Herr einen Kompressor besitzt.

Der Merkl Franz Natürlich hat der einen Kompressor! Und was für einen!

Maria *zu Elli:* Geh so lasse dich doch nicht so anschwindeln! Der und ein Kompressor!

Kasimir *zu Maria:* Wenn der Kasimir sagt, daß er einen Kompressor hat, dann hat er aber auch einen Kompressor – merk dir das, du Mißgeburt!

Elli *zu Maria:* So sei doch auch schon still.

Kasimir *streichelt Elli:* Du bist ein anständiges Wesen, du gefällst mir jetzt. Du hast so schöne weiche Haare und einen glatten Teint.

Elli Ich möcht gern was zum trinken.

Kasimir Da! Sauf!

Elli Da ist ja kein Tropfen mehr drinnen.

Kasimir Bier her!

Kellnerin geht gerade vorbei und stellt ihm eine Maß hin: Gleich zahlen bitte!

Kasimir *kramt in seinen Taschen:* Zahlen bitte, zahlen bitte – ja Herrgottsackelzement, hab ich denn jetzt da schon das ganze Geld weg –

Kellnerin nimmt die Maß wieder mit.

Elli erhebt sich.

Maria Und so etwas möchte einen Kompressor haben? Ich hab es dir ja gleich gesagt, daß so etwas im besten Falle ein Fahrrad hat. Auf Abzahlung.

Kasimir *zu Elli:* Komm, geh her –

Elli *winkt:* Grüß dich Gott, Herr Kompressor – *Ab mit Maria.*

68. Szene

Kasimir Zahlen bitte – oh du mein armer Kasimir! Ohne Geld bist halt der letzte Hund!

Der Merkl Franz Kasimir, der Philosoph.

Kasimir Wenn man nur wüßt, was daß man für eine Partei wählen soll –

Der Merkl Franz Kasimir, der Politiker.

Kasimir Leck mich doch du am Arsch, Herr Merkl!

Stille.

Der Merkl Franz Schau mich an.

Kasimir schaut ihn an.

Es gibt überhaupt keine politische Partei, bei der ich noch nicht dabei war, höchstens Splitter. Aber überall markieren die anständigen Leut den blöden Hund! In einer derartigen Weltsituation muß man es eben derartig machen, wie zum Beispiel ein gewisser Merkl Franz.

Kasimir Wie?

Der Merkl Franz Einfach.

Stille.

Zum Beispiel habe ich mich in letzter Zeit spezialisiert – auf einen gewissen Paragraphen.

Kasimir Also mit Paragraphen soll man sich nicht einlassen.

Der Merkl Franz Du Rindvieh. *Er hält dem Kasimir Zehnmarkscheine unter die Nase.*

Stille.

Kasimir Nein. So private Aktionen haben wenig Sinn.

Erna Dort drüben sitzt die Karoline.

Kasimir *erhebt sich:* Wo?

Stille.

Der Merkl Franz Sie hat dich erblickt.

Kasimir Aber sie geht nicht her.

Stille.

69. Szene

Kasimir *hält nun eine Rede an die ferne Karoline:* Fräulein Karoline. Du mußt keineswegs hergehen, weil es halt jetzt ganz aus ist mit unseren Beziehungen, auch mit den menschlichen. Du kannst ja auch nichts dafür, dafür kann ja nur meine Arbeitslosigkeit etwas und das ist nur logisch, du Schlampen du elendiger! Aber wenn ich jetzt dem Merkl Franz folgen täte, dann wärest aber nur du daran schuld – weil ich jetzt innerlich leer bin. Du hast in mir drinnen gewohnt und bist aber seit heute ausgezogen aus mir – und jetzt stehe ich da wie das Rohr im Winde und kann mich nirgends anhalten – *Er setzt sich.*

70. Szene

Stille.

Der Merkl Franz Also?

Kasimir Leergebrannt ist die Stätte.

Der Merkl Franz Kasimir. Zum letztenmal: wem nicht zu raten ist, dem ist nicht zu helfen.

Kasimir Das weiß ich jetzt noch nicht.

Der Merkl Franz *streckt ihm seine Hand hin:* Das liegt in deiner Hand –

Kasimir *stiert abwesend vor sich hin:* Ich weiß das jetzt noch nicht.

Erna So lasse ihn doch, wenn er nicht mag.

Stille.

Der Merkl Franz fixiert Erna grimmig – plötzlich schüttet er ihr sein Bier in das Gesicht.

Erna schnellt empor.

Der Merkl Franz *drückt sie auf ihren Platz zurück:* Da bleibst! Sonst tritt ich dir in das Gesicht!

71. Szene

Alles *außer Kasimir, Erna und dem Merkl Franz, singt:*

Und blühn einmal die Rosen
Ist der Winter vorbei
Nur der Mensch hat alleinig
Einen einzigen Mai

Und die Vöglein die ziehen
Und fliegen wieder her
Nur der Mensch bald er fortgeht
Nachher kommt er nicht mehr.

Dunkel.

72. Szene

Nun spielt das Orchester die Petersburger Schlittenfahrt.

73. Szene

Neuer Schauplatz: Im Hippodrom.

Rauch, Speer, Karoline und Schürzinger betreten es.

74. Szene

Rauch *zu Karoline:* Na wie wärs mit einem kühnen Ritt? Wir sind doch hier im Hippodrom!

Karoline Fein! Aber nur keinen Damensattel – von wegen dem festeren Halt.

Rauch Schneidig!

Speer Das Fräulein denkt kavalleristisch.

Karoline Wenn ich einmal reit, möcht ich aber gleich zweimal reiten –

Rauch Auch dreimal!

Karoline Fein! *Ab in die Manege.*

75. Szene

Speer *ruft ihr nach:* Auch viermal!

Rauch Auch ixmal! *Er setzt sich mit Speer an ein Tischchen auf der Estrade und läßt Flaschenwein auffahren. Schürzinger bleibt aber drunten stehen und stiert Karoline ständig nach; jetzt wird ein altes lahmes Pferd mit einem Damensattel, in dem ein zehnjähriges kurzsichtiges Mädchen sitzt, an der Estrade vorbei in die Manege geführt – gleich darauf ertönt Musik, die wo dann immer wieder mitten im Takt abbricht, wenn nämlich einige Runden vorbei sind und man neu bezahlen muß; auch Peitschengeknalle ist zu vernehmen; Schürzinger stellt sich auf einen Stuhl, um besser zusehen zu können; auch Rauch und Speer sehen natürlich zu.*

76. Szene

Rauch Wacker! Prima!

Speer Eine Amazone!

Rauch Ein Talent! Da wackelt der Balkon! Radfahrende Mädchen erinnern von hinten an schwimmende Enten.

Speer *wendet sich wieder dem Flaschenwein zu:* Mensch Rauch! Wie lange habe ich keinen Gaul mehr unter mir gehabt!

Rauch Tatsächlich?

Speer 1912 – da konnt ich mir noch zwei Pferde halten. Aber heute? Ein armer Richter. Wo sind die Zeiten! Das waren zwei Araber. Stuten. Rosalinde und Yvonne.

Rauch *hat sich nun auch wieder dem Flaschenwein zugewandt:* Du hast doch auch spät geheiratet?

Speer Immer noch früh genug.

Rauch Das sowieso. *Er erhebt sein Glas.* Spezielles!

Stille.

Ich hab mein Weib nach Arosa und überallhin – der Junge ist ja kerngesund.

Speer Wann macht er denn seinen Doktor?

Rauch Nächstes Semester. Wir werden alt.

Stille.

Speer Ich bin schon zweimal Großpapa. Es bleibt immer etwas von einem zurück. Ein Körnchen.

77. Szene

Karoline erscheint nun wieder und möchte an dem Schürzinger vorbei, der noch immer auf dem Stuhle steht.

Schürzinger *gedämpft:* Halt! In deinem Interesse.

Karoline Auweh.

Schürzinger Wieso auweh?

Karoline Weil wenn ein Mann so anfangt, dann hat er Hintergedanken.

Schürzinger *steigt langsam vom Stuhl herab und tritt dicht an Karoline heran:* Ich habe keine Hintergedanken. Ich bin jetzt nämlich wieder etwas nüchterner geworden. Bitte trinke keinen Alkohol mehr.

Karoline Nein. Heut trink ich was ich will.

Schürzinger Du kannst es dir nicht ausmalen in deiner Phantasie, was die beiden Herrschaften dort über dich reden.

Karoline Was reden sie denn über mich?

Schürzinger Sie möchten dich betrunken machen.

Karoline Oh ich vertrag viel.

Stille.

Schürzinger Und dann sagt er es ganz offen heraus, der Herr Kommerzienrat.

Karoline Was?

Schürzinger Daß er dich haben möchte. Erotisch. Noch heute Nacht.

Stille.

Karoline So. Also haben möchte er mich –

Schürzinger Er sagt es vor mir, als wäre ich ein Nichts. So etwas ist doch keine Gesellschaft für dich. Das ist doch unter deiner Würde. Komm, empfehlen wir uns jetzt auf französisch –

Karoline Wohin?

Stille.

Schürzinger Wir können auch noch einen Tee trinken. Vielleicht bei mir.

Stille.

Karoline Du bist auch nur ein Egoist. Akkurat der Herr Kasimir.

Schürzinger Jetzt sprichst du spanisch.

Karoline Jawohl, Herr Kasimir.

Schürzinger Ich heiße Eugen.

Karoline Und ich heiße Karoline.

Stille.

Schürzinger Ich bin nämlich ein schüchterner Mensch. Und zuvor bei den Abnormitäten, da habe ich über eine gemeinsame Zukunft geträumt. Aber das war eben nur eine momentane Laune von einem gewissen Fräulein Karoline.

Karoline Jawohl, Herr Eugen.

Schürzinger Oft verschwendet man seine Gefühle –

Karoline Menschen ohne Gefühl haben es viel leichter im Leben. *Sie läßt ihn stehen und wendet sich der Estrade zu; Schürzinger setzt sich nun auf den Stuhl.*

78. Szene

Rauch Ich gratuliere!

Speer Sie sind talentiert. Das sage ich Ihnen als alter Ulan.

Karoline Ich dachte, der Herr wär ein Richter.

Speer Haben Sie schon mal einen Richter gesehen, der kein Offizier war? Ich nicht!

Rauch Es gibt schon einige –

Speer Juden!

Karoline Also nur keine Politik bitte!

Speer Das ist doch keine Politik!

Rauch Ein politisch Lied ein garstig Lied – *Er prostet mit Karoline.* Auf unseren nächsten Ritt!

Karoline Ich möchte ja sehr gerne noch reiten. Die dreimal waren so schnell herum.

Rauch Also noch einmal dreimal!

Speer *erhebt sein Glas:* Rosalinde und Yvonne! Wo seid ihr jetzt? Ich grüße euch im Geiste! Was ist ein Kabriolet neben einem Gaul!

Karoline Oh ein Kabriolet ist schon auch etwas Feudales!

Speer *wehmütig:* Aber man hat doch nichts Organisches unter sich –

Rauch *leise:* Darf ich Ihnen eröffnen, daß ich ein feudales Kabriolet besitze. Ich hoffe, Sie fahren mit.

Stille.

Karoline Wohin?

Rauch Nach Altötting.

Karoline Nach Altötting ja – *Ab wieder in die Manege – an dem Schürzinger vorbei, der nun einen seiner Mitesser in seinem Taschenspiegel aufmerksam betrachtet.*

79. Szene

Rauch ist nun bereits ziemlich betrunken – selig dirigiert er vor sich hin, als wäre er der Kapellmeister der Hippodrommusik; die spielt gerade einen Walzer.

Speer *ist noch betrunkener:* Altötting? Wo liegt denn Altötting?

Rauch *singt nach den Walzerklängen:* In meinem Kämmerlein – eins zwei drei – in meinem Bettelein – eins zwei drei – *Er summt.*

Speer *boshaft:* Und dein Herr Angestellter dort?

Die Musik bricht ab mitten im Takt.

Rauch schlägt mit der Hand auf den Tisch und fixiert Speer gehässig.

Jetzt spielt die Musik wieder, und zwar ein Marschlied.

Rauch *singt grimmig mit und fixiert den Speer noch immer dabei:*

Ja wir sind Zigeuner
Wandern durch die Welt
Haben fesche Weiber
Die verdienens Geld

Dort auf jener Wiese
Hab ich sie gefragt
Ob sie mich mal ließe
»Ja« hat sie gelacht!

Die Musik bricht wieder plötzlich ab.

Speer *noch boshafter:* Und Ihr Herr Angestellter dort?

Rauch *brüllt ihn an:* Nur kein Neid! *Er erhebt sich und torkelt zu dem Schürzinger.*

80. Szene

Rauch Herr –

Schürzinger *ist aufgestanden:* Schürzinger.

Rauch Stimmt. Auffallend! *Er steckt ihm abermals eine Zigarre in den Mund.* Noch eine Zigarre – ein gelungener Abend.

Schürzinger Sehr gelungen, Herr Kommerzienrat.

Rauch Apropos gelungen: Kennen Sie die historische Anekdote von Ludwig dem Fünfzehnten, König von Frankreich – Hören Sie her: Ludwig der Fünfzehnte ging eines Abends mit seinem Leutnant und dessen Braut in das Hippodrom. Und da hat sich jener Leutnant sehr bald verabschiedet, weil er sich überaus geehrt gefühlt hat, daß sein Monarch sich für seine Braut so irgendwie interessiert – Geehrt hat er sich gefühlt! Geehrt!

Stille.

Schürzinger Ja diese Anekdote ist mir nicht unbekannt. Jener Leutnant wurde dann bald Oberleutnant –

Rauch So? Das ist mir neu.

Stille.

Schürzinger Darf ich mich empfehlen, Herr Kommerzienrat – *Ab.*

81. Szene

Speer *nähert sich Rauch; er ist nun total betrunken:* Herr Kommerzienrat. Sie sind wohl wahnsinnig geworden, daß Sie mich so anbrüllen – Sie wissen wohl nicht, wen Sie vor sich haben! Speer! Landgerichtsdirektor!

Rauch Freut mich!

Speer Sie mich auch!

Stille.

Rauch Lieber Werner, mir scheint, du bist besoffen.

Speer Ist das dein Ernst, Konrad?

Rauch Absolut.

Stille.

Speer Das Gericht zieht sich zur Beratung zurück. Das Gericht erklärt sich für nicht befangen. Keine Bewährungsfrist. Versagung mildernder Umstände. Keine Bewährungsfrist!

Rauch *boshaft:* Gibts denn in Erfurt keine Mädchen?

Speer Kaum.

Rauch *grinst:* Ja was machen denn da die Erfurter? *Speer fixiert ihn grimmig – plötzlich versetzt er ihm einen gewaltigen Stoß und tritt sogar nach ihm, erwischt ihn aber nicht.*

Stille.

Soll eine vierzigjährige Freundschaft so zerbrechen?

Speer Im Namen des Königs – *Er hebt die Hand zum Schwur.* Bei dem Augenlichte meiner Enkelkinder schwör ich es dir, jetzt sind wir zwei getrennt – von Tisch und Bett!

Er torkelt ab.

82. Szene

Rauch *sieht ihm nach:* Traurig, aber wahr – auch ein Reptil. Ein eifersüchtiges Reptil. Aber der Konrad Rauch, der stammt aus einem alten markigen Bauerngeschlecht und solche Paragraphen sind für ihn Papier! Trotz seiner zweiundsechzig Jahr! Au – *Er windet sich plötzlich und setzt sich auf Schürzingers Stuhl.* Was war denn jetzt das? – Hoffentlich werd ich heut Nacht nicht wieder schwindlig – der Joseph hat ja einen Blutsturz gehabt – Achtung, Achtung, Konrad Rauch! Achtung!

83. Szene

Karoline erscheint und sieht sich um.

Stille.

Karoline Wo ist denn der Herr Schürzinger?

Rauch Er läßt sich bestens empfehlen. *Stille.*

Karoline Und der Herr Ulanenoffizier ist auch fort?

Rauch Wir sind allein. *Stille.*

Karoline Fahren wir wirklich nach Altötting?

Rauch Jetzt. *Er versucht aufzustehen, muß sich aber gleich wieder setzen, und zwar schmerzverzerrt.* Was verdienen Sie monatlich? *Stille.*

Karoline Fünfundfünfzig Mark.

Rauch Schön.

Karoline Ich bin auch froh, daß ich das habe.

Rauch In der heutigen Zeit.

Karoline Nur hat man so gar keinen Zukunftsblick. Höchstens, daß ich mich verdreifache. Aber dann bin ich schon grau.

Rauch Zukunft ist eine Beziehungsfrage – *jetzt erhebt er sich* – und Kommerzienrat Konrad Rauch ist eine Beziehung. Auf nach Altötting! *Musiktusch. Dunkel.*

84. Szene

Nun spielt das Orchester das Mailüfterl.

85. Szene

Neuer Schauplatz: Auf dem Parkplatz für die Privatautos hinter der Oktoberfestwiese. Im Vordergrund eine Bank.

Der Merkl Franz taucht auf mit seiner Erna und Kasimir.

86. Szene

Der Merkl Franz Alsdann hier hätten wir es. Es treibt sich da nämlich nur der bewußte eine Parkwächter herum – und der steht meistens dort drüben, weil man von dort die schönere Aussicht auf die Festwiese hat. Erna! Jetzt werd aber endlich munter!

Erna Ich bin noch naß von dem Bier.

Der Merkl Franz Das war doch nur halb so tragisch gemeint.

Erna Tut es dir leid? *Stille.*

Der Merkl Franz Nein. *In der Ferne ertönt ein Pfiff. Die drei Leut lauschen.* Kriminaler?

Erna Gib nur acht, Franz!

Der Merkl Franz Apriori habt ihr das hier zu tun – wenn sich was Unrechts rühren sollte. Heut parken ja da allerhand hochkapitalistische Limousinen. Lauter Steuerhinterzieher – *Er verschwindet zwischen den Limousinen.*

87. Szene

Kasimir *wie zu sich:* Auf Wiedersehen!

88. Szene

Erna Der Merkl hat doch eine komische Natur. Zuerst bringt er einen um und dann tut es ihm leid.

Kasimir Es ist halt kein durchschnittlicher Mensch.

Erna Weil er sehr intelligent ist. Der drückt so ein Autotürerl auf und ein Fensterscheiberl ein – da hörst aber keinen Laut.

Kasimir Es bleibt einem ja nichts anderes übrig.

Erna Das schon vielleicht. *Stille.*

Kasimir Vorgestern, da hätt ich dem noch das Kreuz abgeschlagen und die Gurgel hergedruckt, der es sich herausgenommen hätte, sich etwas aus meinem Kabriolet herauszuholen – und heute ist das umgekehrt. So ändert man sich mit dem Leben.

Erna Heute seh ich so schlecht. Ich bin noch geblendet durch das Licht.

Kasimir Ich weniger. *Stille.*

Erna Oft male ich mir eine Revolution aus – dann seh ich die Armen durch das Siegestor ziehen und die Reichen im Zeiserlwagen, weil sie alle miteinander gleich soviel lügen über die armen Leut – Sehens, bei so einer Revolution, da tät ich gerne mit der Fahne in der Hand sterben.

Kasimir Ich nicht.

Erna Meinen Bruder, den haben sie in einer Kiesgrube erschossen – Wissens seinerzeit nachdem damals der Krieg aus war – 1919.

Kasimir Das ist auch nichts.

Erna Aber mein Bruder hat sich doch aufgeopfert.

Kasimir Das wird ihm halt mehr Vergnügen gemacht haben, daß er sich aufgeopfert hat.

Erna Geh redens doch nicht so saudumm daher! Da hat ja noch selbst Der Merkl Franz eine Achtung vor meinem toten Bruder!

Stille.

Kasimir Dann bin ich halt schlechter als wie Der Merkl Franz.

Erna Weil Sie halt auch sehr verbittert sind.

Kasimir Ich glaub es aber nicht, daß ich gut bin.

Erna Aber die Menschen wären doch garnicht schlecht, wenn es ihnen nicht schlecht gehen tät. Es ist das eine himmelschreiende Lüge, daß der Mensch schlecht ist.

89. Szene

Der Merkl Franz *kommt mit seiner Aktentasche zwischen den Limousinen hervor und nähert sich drohend Erna:* Was soll da jetzt eine himmelschreiende Lüge sein?

Erna Daß der Mensch schlecht ist.

Der Merkl Franz Achso.

Stille.

Erna Es gibt überhaupt keine direkt schlechten Menschen.

Der Merkl Franz Daß ich nicht lache.

Kasimir Der Mensch ist halt ein Produkt seiner Umgebung.

Der Merkl Franz Da. Eine Aktentasche – *Er holt aus ihr ein Buch heraus und entziffert den Titel.* »Der erotische Komplex« – und ein

Kuvert: Herrn Kommerzienrat Konrad Rauch – Ich meine, daß wir diese Bibliothek dem Herrn Kommerzienrat wieder zurückschenken könnten – *Zu Erna.* Oder hast du vielleicht Interesse an diesem erotischen Komplex?

Erna Nein.

Der Merkl Franz Drum.

Kasimir Ich auch nein.

Der Merkl Franz Brav. Sehr brav – Aber ihr müßt doch da so hin und her zum Scheine – das fällt doch auf, wenn ihr da so festgewurzelt herumsteht – *Er verschwindet wieder zwischen den Limousinen.*

90. Szene

Erna Also kommens hin und her –

Kasimir Verzeihen Sie mir bitte.

Erna Was denn?

Kasimir Nämlich das habe ich mir jetzt überlegt. Ja das war pfeilgerade pietätlos von mir – diese Anspielung zuvor mit Ihrem toten Bruder.

Stille.

Erna Das hab ich gewußt von Ihnen, Herr Kasimir. *Ab mit ihm.*

91. Szene

Nun spielt das Orchester den Militärmarsch 1822 von Schubert und es ist eine Zeit lang kein Mensch zu sehen; dann kommt Speer mit Elli und Maria; er ist wieder etwas nüchterner geworden, aber noch immer betrunken; das Orchester bricht mitten im Takt ab.

92. Szene

Maria Nein das sind hier nur Privatautos, die Mietautos stehen dort vorne ganz bei der Sanitätsstation. *Elli bleibt plötzlich zurück.*

Speer Na was hat sie denn, das blonde Gift –

Maria Ich weiß nicht, was die hat. Das hat sie nämlich oft, daß sie plötzlich so streikt – *Sie ruft.* Elli! *Elli gibt keine Antwort.* Elli! So komme doch her! *Elli rührt sich nicht.*

Speer Im Namen des Volkes!

Maria Ich werd sie schon holen – *Sie nähert sich Elli.*

93. Szene

Maria *zu Elli:* So sei doch nicht so damisch!

Elli Nein. Ich tue da nicht mit. *Speer lauscht, hört aber nichts.*

Maria Das habe ich gern – zuerst bist frech und herausfordernd zu den Herren der Schöpfung, aber dann ziehst du den Schwanz ein! So sei doch nicht so feig. Wir kriegen ja zehn Mark. Du fünf und ich fünf. Denk doch auch ein bißchen an deine Zahlungsbefehle. *Stille.*

Elli Aber der alte Sauhund ist doch ganz pervers.

Maria Geh das ist doch nur Munderotik!

Speer *senil:* Elli! Elli! Ellile – Ellile –

Maria Komm, sei friedlich – *Sie führt Elli zu Speer und ab.*

94. Szene

Nun ist wieder eine Zeit lang kein Mensch zu sehen und das Orchester fährt fort mit dem Militärmarsch 1822 von Schubert; dann kommt Rauch mit Karoline; sie halten vor seinem feudalen Kabriolet und er sucht den Schlüssel; und das Orchester bricht wieder mitten im Takt ab.

95. Szene

Karoline Das ist doch da ein Austro-Daimler?

Rauch Erraten! Bravo!

Karoline Mein ehemaliger Bräutigam hat auch einen Austro-Daimler gefahren. Er war nämlich ein Chauffeur. Ein komischer Mensch. Zum Beispiel vor drei Monaten da wollten wir zwei eine Spritztour machen hinaus in das Grüne – und da hat er einen Riesenkrach mit einem Kutscher bekommen, weil der seinen Gaul geprügelt hat. Denkens, wegen einem Gaul! Und dabei ist er selbst doch ein Chauffeur. Man muß das schon zu würdigen wissen.

Rauch *hatte endlich seinen Schlüssel gefunden und öffnet nun die Wagentüre:* Darf man bitten, Gnädigste –

96. Szene

Kasimir kommt mit Erna wieder vorbei; er erblickt Karoline – sie erkennen und fixieren sich.

97. Szene

Karoline *läßt Rauch stehen und hält dicht vor Kasimir:* Lebe wohl, Kasimir.

Kasimir Lebe wohl.

Karoline Ja. Und viel Glück.

Kasimir Prost. *Stille.*

Karoline Ich fahre jetzt nach Altötting.

Kasimir Mahlzeit. *Stille.* Das ist ein schönes Kabriolet dort. Akkurat so ein ähnliches bin ich auch einmal gefahren. Noch vorgestern.

Rauch Darf man bitten, Gnädigste! *Karoline läßt Kasimir langsam stehen und steigt mit Rauch ein – und bald ist kein Kabriolet mehr zu sehen.*

98. Szene

Kasimir *sieht dem verschwundenen Kabriolet nach; er imitiert Rauch:* Darf man bitten, Gnädigste – *Dunkel.*

99. Szene

Und wieder setzt das Orchester mit dem Militärmarsch 1822 von Schubert ein und spielt ihn zu Ende.

100. Szene

Neuer Schauplatz: Vor der Sanitätsstation auf der Oktoberfestwiese.

Ein Sanitäter bemüht sich um Rauch, der auf einer Bank vor der Sanitätsbaracke sitzt und umständlich zwei Pillen mit Wasser schluckt. Karoline ist auch dabei. Und die Luft ist noch immer voll Wiesenmusik.

101. Szene

Karoline *beobachtet Rauch:* Geht es Ihnen schon besser? *Rauch gibt keine Antwort, sondern legt sich rücklings auf die Bank.*

Der Sanitäter Es geht ihm noch nicht besser, Fräulein. *Stille.*

Karoline Eigentlich haben wir ja nur nach Altötting fahren wollen, aber dann ist es ihm plötzlich schlecht geworden, dem Herrn Kommerzienrat – der Speichel ist ihm aus dem Munde heraus und wenn ich nicht im letzten Moment gebremst hätte, dann wären wir jetzt vielleicht schon hinüber.

Der Sanitäter Alsdann verdankt er Ihnen sein Leben.

Karoline Wahrscheinlich.

Der Sanitäter Logischerweise. Indem daß Sie gebremst haben.

Karoline Ja ich kenne mich aus mit der Fahrerei, weil mein ehemaliger Bräutigam ein Chauffeur gewesen ist.

102. Szene

Nun intoniert das Orchester piano den Walzer »Bist du's lachendes Glück?« und aus der Sanitätsbaracke treten Oktoberfestbesucher mit verbundenen Köpfen und Gliedmaßen, benommen und humpelnd – auch der Liliputaner und der Ausrufer befinden sich unter ihnen. Alle verziehen sich nach Hause und dann bricht das Orchester den Walzer wieder ab, und zwar mitten im Takt.

103. Szene

Karoline *leise:* Herr Sanitäter. Was ist denn passiert? Eine Katastrophe?

Der Sanitäter Warum?

Karoline Ist denn die Achterbahn eingestürzt?

Der Sanitäter Weit gefehlt! Nur eine allgemeine Rauferei hat stattgefunden.

Karoline Wegen was?

Der Sanitäter Wegen nichts. *Stille.*

Karoline Wegen nichts. Die Menschen sind halt wilde Tiere.

Der Sanitäter Sie werden sie nicht ändern.

Karoline Trotzdem. *Stille.*

Der Sanitäter Angeblich hat da so ein alter Casanova mit zwei Fräuleins in ein Mietauto einsteigen wollen und dabei ist er von einigen Halbwüchsigen belästigt worden. Angeblich soll der eine Halbwüchsige seinen Schuh ausgezogen haben und selben dem alten Casanova unter die Nase gehalten haben, damit daß der daran riechen soll – aber der hat halt nicht riechen wollen und da soll ihm ein anderer Halbwüchsiger einen Schlag in das Antlitz versetzt haben. Das Resultat war halt, daß in Null Komma Null hundert Personen gerauft haben, keiner hat mehr gewußt, was los ist, aber ein jeder hat nur um sich geschlagen. Die Leut sind halt alle nervös und vertragen nichts mehr.

104. Szene

Der Arzt *erscheint in der Türe der Sanitätsbaracke:* Sind die Tragbahren noch nicht da?

Der Sanitäter Noch nicht, Herr Doktor.

Der Arzt Also wir haben sechs Gehirnerschütterungen, einen Kieferbruch, vier Armbrüche, davon einer kompliziert, und das andere sind Fleischwunden. Ein schöner Saustall sowas! Deutsche gegen Deutsche! *Ab.*

105. Szene

Karoline Kieferbruch – oh das muß weh tun.

Der Sanitäter Heutzutag ist das halb so schlimm in Anbetracht unserer Errungenschaften.

Karoline Aber gezeichnet bist du für dein ganzes Leben, als hätte man dir ein Ohr abgeschnitten. Besonders als Frau.

Der Sanitäter Das ist aber keine Frau, dem sie da den Kiefer zerschlagen haben, sondern das ist akkurat besagter alter Casanova.

Karoline Dann ist es schon gut.

Der Sanitäter Es ist das sogar ein hoher Justizmann. Aus Norddeutschland. Ein gewisser Speer.

Rauch *hatte gehorcht und brüllt nun:* Was?! *Er erhebt sich.* Speer? Casanova? Justiz!? *Er faßt sich an das Herz.*

Stille.

Karoline Regens Ihnen nur nicht auf, Herr Kommerzienrat –

Rauch *fährt sie an:* Was stehens denn da noch herum, Fräulein? Leben Sie wohl! Habe die Ehre! Adieu!

Stille.

Kieferbruch. Armer alter Kamerad – Diese Sauweiber. Nicht mit der Feuerzange. Dreckiges Pack. Ausrotten. Ausrotten – alle!

Karoline Das habe ich mir nicht verdient um Sie, Herr Kommerzienrat –

Rauch Verdient? Das auch noch?

Stille.

Karoline Ich habe Ihnen das Leben gerettet.

Rauch Das Leben?

Stille.

Grinst. Tät Ihnen so passen –

Stille.

Adieu. *Zum Sanitäter.* Wo liegt er denn, der Herr Landgerichtsdirektor? Noch da drinnen?

Der Sanitäter Zu Befehl, Herr Kommerzienrat!

106. Szene

Rauch nähert sich langsam der Sanitätsbaracke – da erscheinen Elli und Maria in der Türe, und zwar Maria mit dem Arm in der Schlinge und Elli mit dick verbundenem Auge. Maria erkennt Rauch und fixiert ihn – auch Rauch erkennt sie und hält momentan.

107. Szene

Maria *grinst:* Ah, der Herr Nachttopf – Schau Elli, schau –

Elli *hebt den Kopf und versucht zu schauen:* Au mein Auge!

Stille.

Rauch richtet seine Krawatte und geht an Elli und Maria vorbei in die Sanitätsbaracke.

Karoline *kreischt plötzlich:* Auf Wiedersehen, Herr Nachttopf!

Dunkel.

108. Szene

Nun spielt das Orchester den Walzer »Bist du's lachendes Glück?«

109. Szene

Neuer Schauplatz: Wieder auf dem Parkplatz, aber an einer anderen Stelle, dort wo die Fahnen der Ausstellung schon sichtbar werden.

Kasimir und Erna gehen noch immer auf und ab – plötzlich hält Kasimir. Und Erna auch.

110. Szene

Kasimir Wo steckt denn Der Merkl?

Erna Der wird schon irgendwo stecken.

Stille.

Kasimir Und wo das Fräulein Karoline jetzt steckt, das ist mir wurscht.

Erna Nein das wäre keine Frau für Sie. Ich habe mir dafür einen Blick erworben.

Kasimir So ein Weib ist ein Auto, bei dem nichts richtig funktioniert – immer gehört es repariert. Das Benzin ist das Blut und der Magnet das Herz – und wenn der Funke zu schwach ist, entsteht eine Fehlzündung – und wenn zuviel Öl drin ist, dann raucht er und stinkt er –

Erna Was Sie für eine Phantasie haben. Das haben nämlich nur wenige Männer. Zum Beispiel Der Merkl hat keine. Überhaupt haben Sie schon sehr recht, wenn Sie das sagen, daß Der Merkl mich ungerecht behandelt – Nein! Das laß ich mir auch nicht weiter bieten – *Sie schreit plötzlich unterdrückt auf.* Jesus Maria Josef! Merkl! Franz! Jesus Maria – *Sie hält sich selbst den Mund zu und wimmert.*

Kasimir Was ist denn los?

Erna Dort – sie haben ihn. Franz! Sehens die beiden Kriminaler – Verzeih mir das, Franz! – Nein, ich schimpfe nicht, ich schimpfe nicht –

Stille.

Kasimir An allem ist nur dieses Luder schuld. Diese Schnallen. Dieses Fräulein Karoline!

Erna Er wehrt sich garnicht – geht einfach mit – *Sie setzt sich auf die Bank.* Den seh ich nimmer.

Kasimir Geh den werdens doch nicht gleich hinrichten!

Erna Das kommt auf dasselbe hinaus. Weil er doch schon oft vorbestraft ist – da hauns ihm jetzt fünf Jahr Zuchthaus hinauf wie nichts – und dann kommt er nicht mehr heraus, weil er sich ja während seiner Vorstrafen schon längst eine Tuberkulose geholt hat – Der kommt nicht mehr heraus!

Stille.

Kasimir Sind Sie auch vorbestraft?

Erna Ja.

Kasimir setzt sich neben Erna.

Stille.

Was glauben Sie, wie alt daß ich bin?

Kasimir Fünfundzwanzig.

Erna Zwanzig.

Kasimir Wir sind halt heutzutag alle älter als wie wir sind.

Stille. Dort kommt jetzt Der Merkl.

Erna *zuckt zusammen:* Wo?

Stille.

111. Szene

Der Merkl Franz geht nun mit einem Kriminaler vorbei, an dessen Handgelenk er gefesselt ist – er wirft noch einen letzten Blick auf Erna.

112. Szene

Stille.

Erna Der arme Franz. Der arme Mensch –

Kasimir So ist das Leben.

Erna Kaum fängt man an, schon ist es vorbei.

Stille.

Kasimir Ich habe es immer gesagt, daß so kriminelle Aktionen keinen Sinn haben – Mir scheint, ich werde mir den armen Merkl Franz als warnendes Beispiel vor Augen halten.

Erna Lieber stempeln.

Kasimir Lieber hungern.

Erna Ja.

Stille.

Ich hab es ja dem armen Franz gesagt, daß er Sie in Ruhe lassen soll, weil ich das gleich im Gefühl gehabt habe, daß Sie anders sind – darum hat er mir ja auch das Bier in das Gesicht geschüttet.

Kasimir Darum?

Erna Ja. Wegen Ihnen.

Kasimir Das ist mir neu. Daß Sie da wegen mir – Verdiene ich denn das überhaupt?

Erna Das weiß ich nicht.

Stille.

Kasimir Ist das jetzt der Große Bär dort droben?

Erna Ja. Und das dort ist der Orion.

Kasimir Mit dem Schwert.

Erna *lächelt leise:* Wie Sie sich das gemerkt haben –

Stille.

Kasimir *starrt noch immer in den Himmel:* Die Welt ist halt unvollkommen.

Erna Man könnt sie schon etwas vollkommener machen.

Kasimir Sind Sie denn auch gesund? Ich meine jetzt, ob Sie nicht auch etwa die Tuberkulose haben von diesem armen Menschen?

Erna Nein. Soweit bin ich ganz gesund.

Stille.

Kasimir Ich glaub, wir sind zwei verwandte Naturen.

Erna Mir ist es auch, als täten wir uns schon lange kennen.

Stille.

Kasimir Wie hat er denn geheißen, Ihr toter Bruder?

Erna Ludwig. Ludwig Reitmeier.

Stille.

Kasimir Ich war mal Chauffeur, bei einem gewissen Reitmeier. Der hat ein Wollwarengeschäft gehabt. En gros. *Er legt seinen Arm um ihre Schultern.*

Erna *legt ihren Kopf an seine Brust:* Dort kommt jetzt die Karoline.

113. Szene

Karoline *kommt und sieht sich suchend um – erblickt Kasimir und Erna, nähert sich langsam und hält dicht vor der Bank:* Guten Abend, Kasimir.

Stille.

So schau doch nicht so ironisch.

Kasimir Das kann jede sagen.

Stille.

Karoline Du hast schon recht.

Kasimir Wieso hernach?

Karoline Eigentlich hab ich ja nur ein Eis essen wollen – aber dann ist der Zeppelin vorbeigeflogen und ich bin mit der Achterbahn gefahren. Und dann hast du gesagt, daß ich dich automatisch verlasse, weil du arbeitslos bist. Automatisch, hast du gesagt.

Kasimir Jawohl, Fräulein.

Stille.

Karoline Ich habe es mir halt eingebildet, daß ich mir einen rosigeren Blick in die Zukunft erringen könnte – und einige Momente habe ich mit allerhand Gedanken gespielt. Aber ich müßt so tief unter mich hinunter, damit ich höher hinauf kann. Zum Beispiel habe ich dem Herrn Kommerzienrat das Leben gerettet, aber er hat nichts davon wissen wollen.

Kasimir Jawohl, Fräulein.

Stille.

Karoline Du hast gesagt, daß der Herr Kommerzienrat mich nur zu seinem Vergnügen benützen möchte und daß ich zu dir gehöre – und da hast du schon sehr recht gehabt.

Kasimir Das ist mir jetzt wurscht! Jetzt bin ich darüber hinaus, Fräulein! Was tot ist, ist tot und es gibt keine Gespenster, besonders zwischen den Geschlechtern nicht!

Stille.

Karoline gibt ihm plötzlich einen Kuß.

Zurück! Brrr! Pfui Teufel! *Er spuckt aus.* Brrr!

Erna Ich versteh das garnicht, wie man als Frau so wenig Feingefühl haben kann.

Karoline *zu Kasimir:* Ist das die neue Karoline?

Kasimir Das geht dich einen Dreck was an, Fräulein!

Karoline Und den Merkl Franz betrügen, ist das vielleicht ein Feingefühl?!

Erna Der Merkl Franz ist tot, Fräulein.

Stille.

Karoline Tot? *Sie lacht – verstummt aber plötzlich; gehässig zu Erna.* Und das soll ich dir glauben, du Zuchthäuslerin?

Kasimir Geh halts Maul und fahr ab.

Erna *zu Kasimir:* So lasse sie doch. Sie weiß ja nicht, was sie tut.

Stille.

114. Szene

Karoline *vor sich hin:* Man hat halt oft so eine Sehnsucht in sich – aber dann kehrt man zurück mit gebrochenen Flügeln und das Leben geht weiter, als war man nie dabei gewesen –

115. Szene

Schürzinger *erscheint, und zwar aufgeräumt – mit einem Luftballon an einer Schnur aus seinem Knopfloch; er erblickt Karoline:* Ja wen sehen denn meine entzündeten Augen? Das ist aber schon direkt Schicksal, daß wir uns wiedertreffen. Karoline! Übermorgen wird der Leutnant Eugen Schürzinger ein Oberleutnant Eugen Schürzinger sein – und zwar in der Armee

Seiner Majestät Ludwigs des Fünfzehnten – und das verdanke ich dir.

Karoline Aber das muß ein Irrtum sein.

Schürzinger Lächerlich!

Stille.

Karoline Eugen. Ich habe dich vor den Kopf gestoßen und das soll man nicht, weil man alles zurückgezahlt bekommt –

Schürzinger Du brauchst einen Menschen, Karoline –

Karoline Es ist immer der gleiche Dreck.

Schürzinger Pst! Es geht immer besser und besser.

Karoline Wer sagt das?

Schürzinger Coué.

Stille.

Also los. Es geht besser –

Karoline *sagt es ihm tonlos nach:* Es geht besser –

Schürzinger Es geht immer besser, immer besser –

Karoline Es geht immer besser, besser – immer besser – *Schürzinger umarmt sie und gibt ihr einen langen Kuß. Karoline wehrt sich nicht.*

Schürzinger Du brauchst wirklich einen Menschen.

Karoline *lächelt:* Es geht immer besser –

Schürzinger Komm – *Ab mit ihr.*

116. Szene

Kasimir Träume sind Schäume.

Erna Solange wir uns nicht aufhängen, werden wir nicht verhungern.

Stille.

Kasimir Du Erna –

Erna Was?

Kasimir Nichts. *Stille.*

117. Szene

Erna *singt leise – und auch Kasimir singt allmählich mit:*

Und blühen einmal die Rosen
Wird das Herz nicht mehr trüb
Denn die Rosenzeit ist ja
Die Zeit für die Lieb

Jedes Jahr kommt der Frühling
Ist der Winter vorbei
Nur der Mensch hat alleinig
Einen einzigen Mai.